¡Yo veo!

Eugenio Cantero
ilustrado por Viviana Garofoli

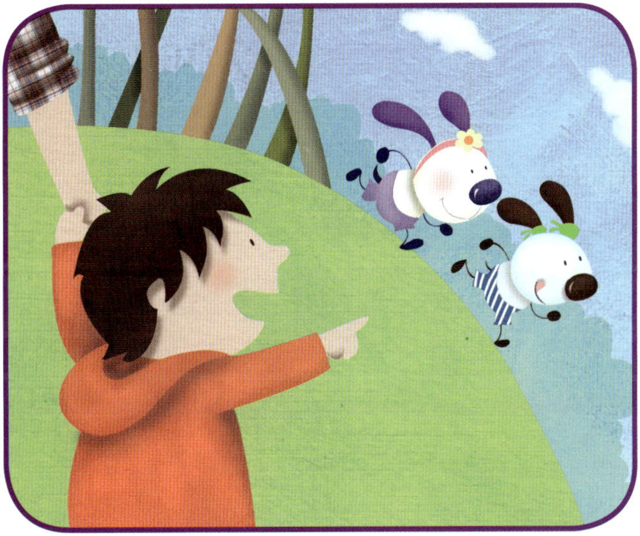

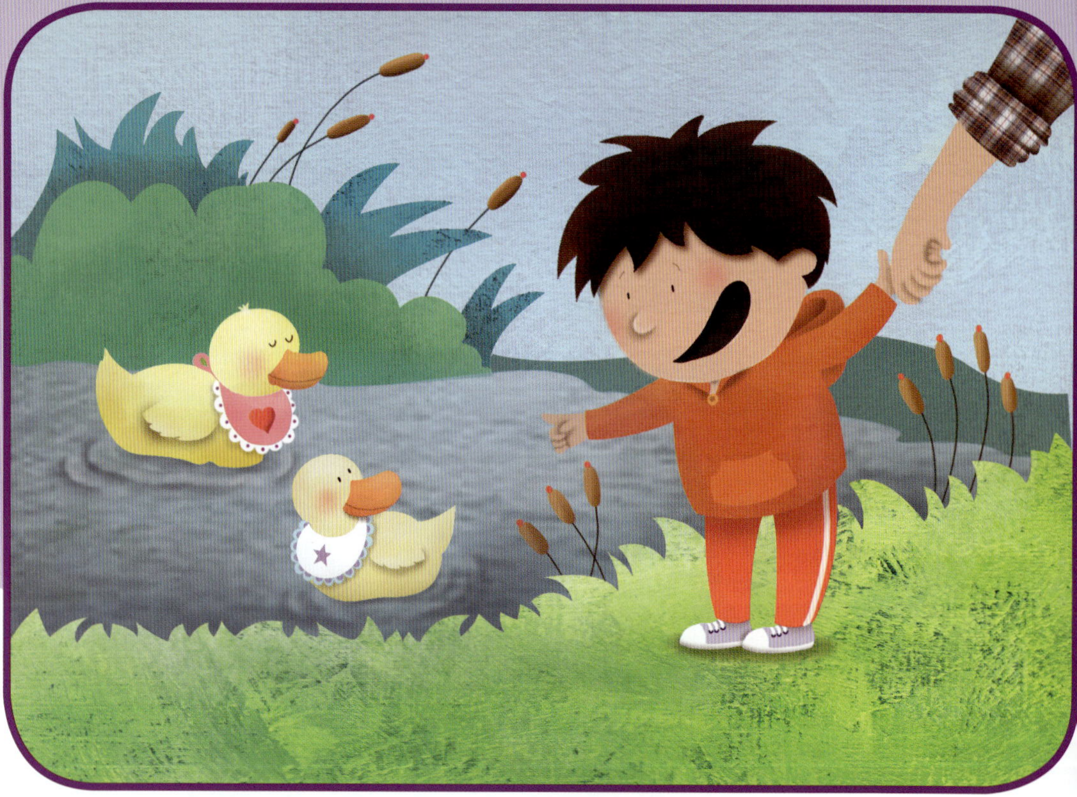

Yo veo  .

patos

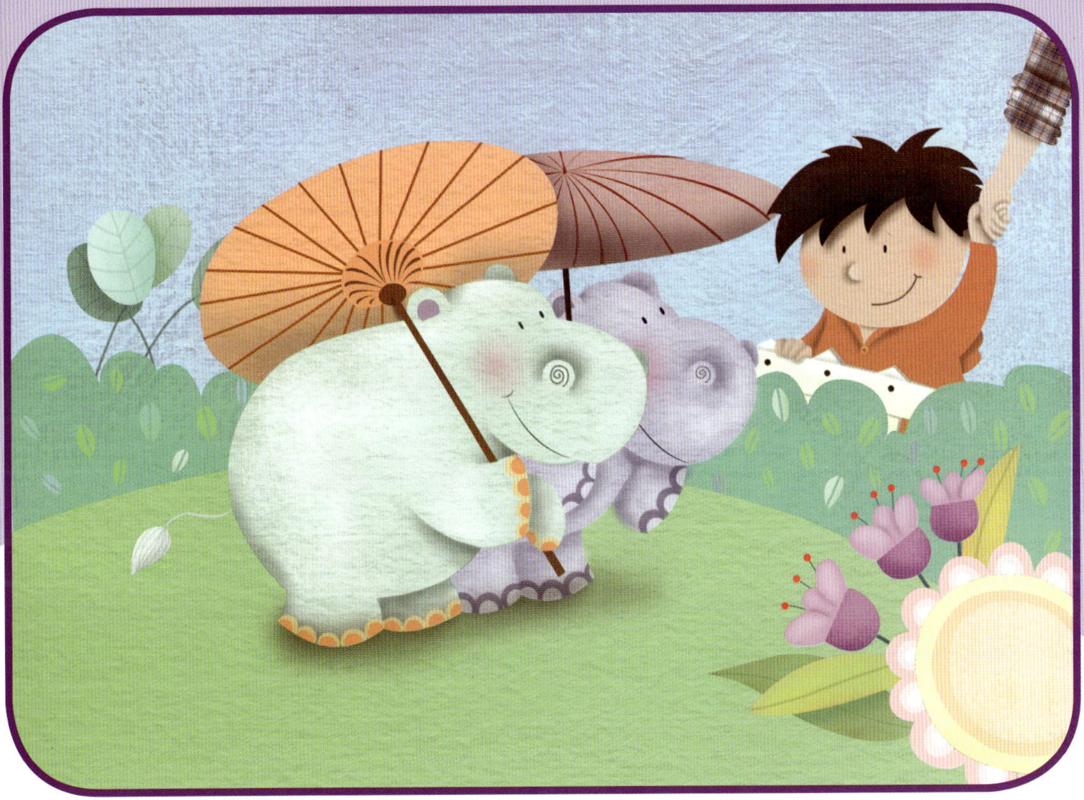

Yo veo 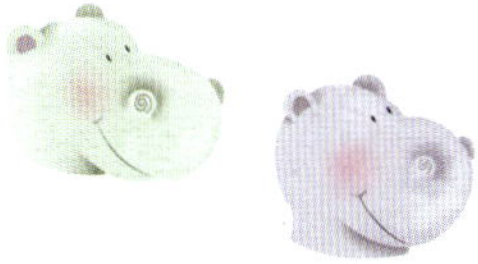 hipopótamos.

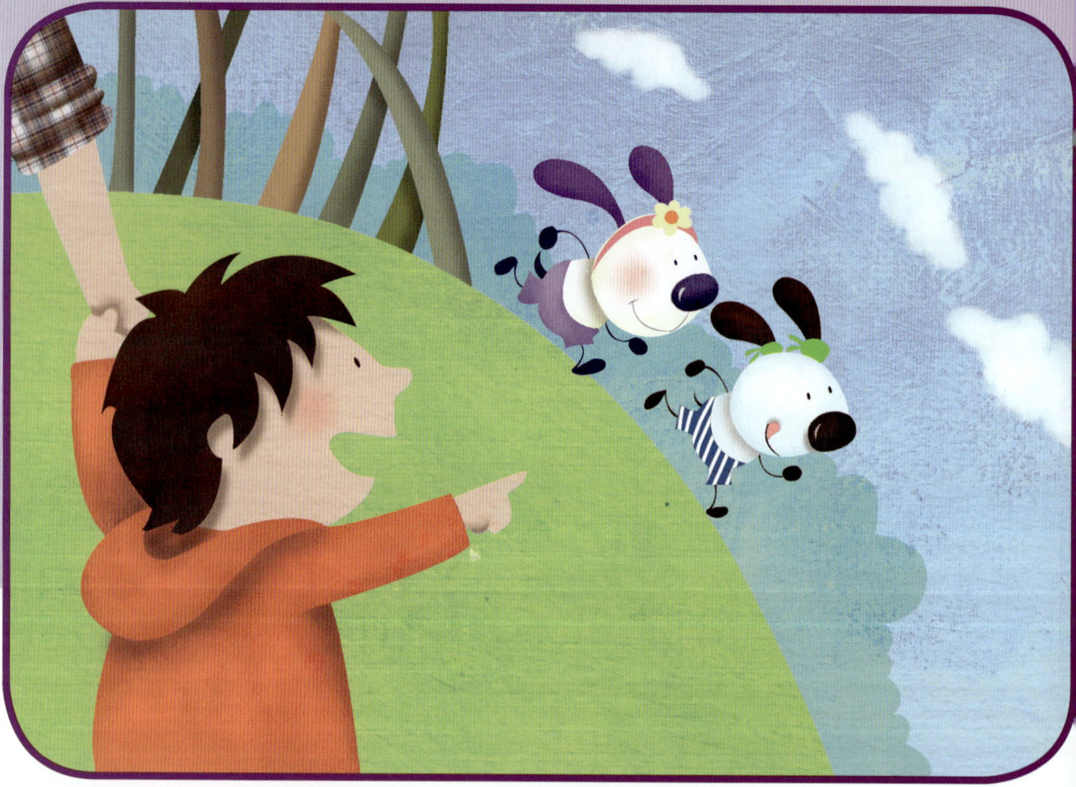

Yo veo 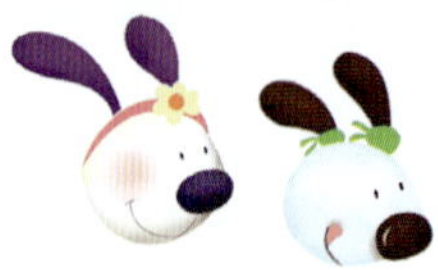 .

perros

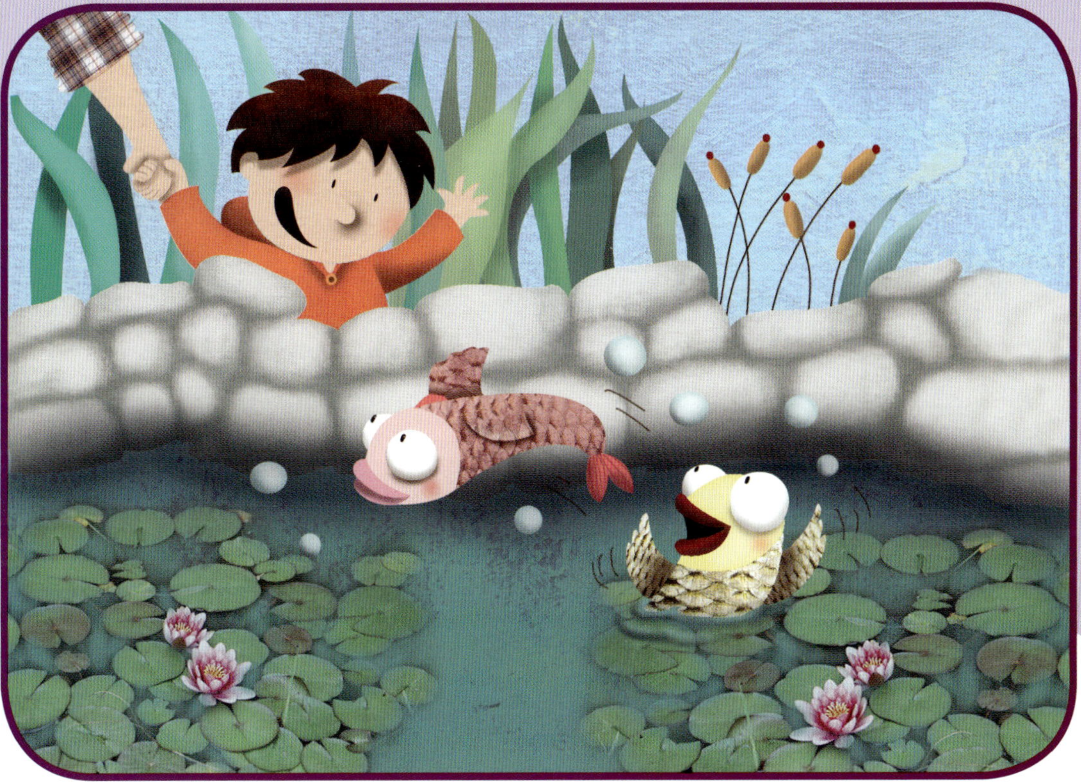

Yo veo 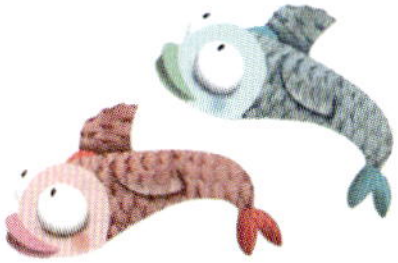 .

peces

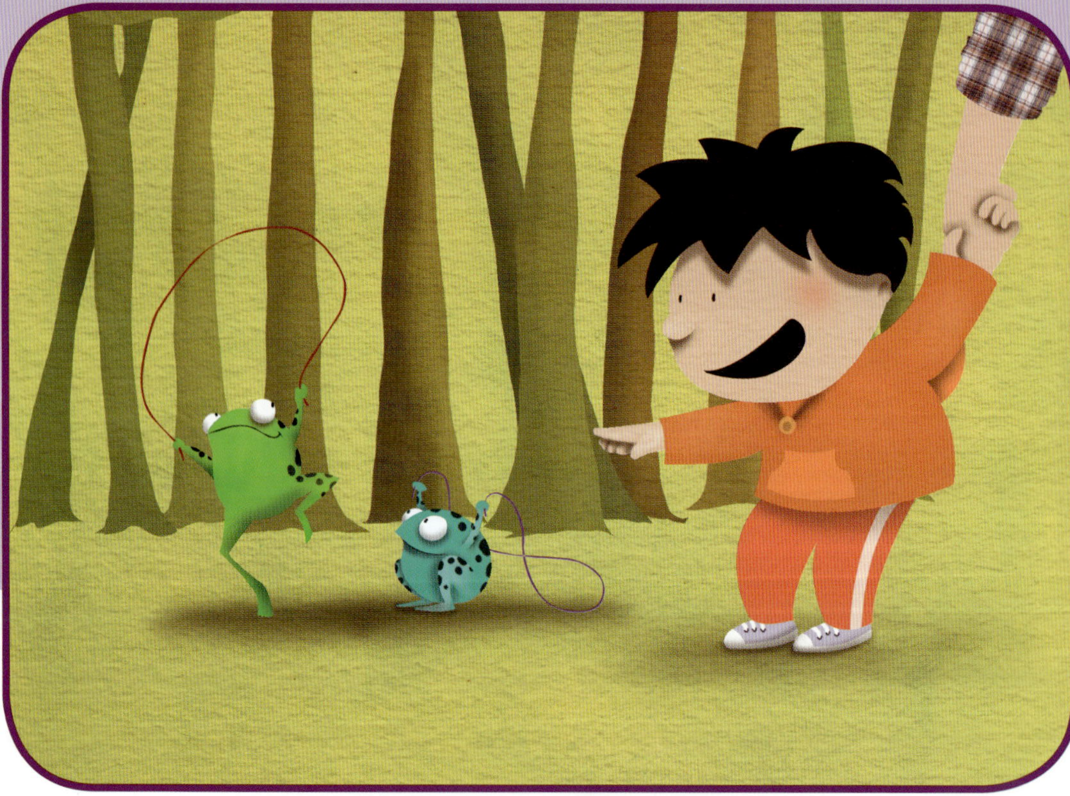

Yo veo 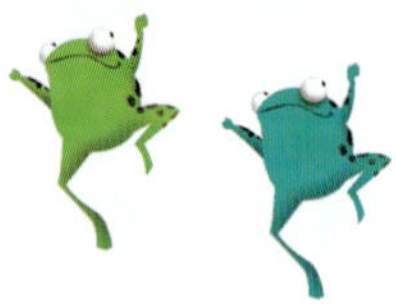 .

sapos

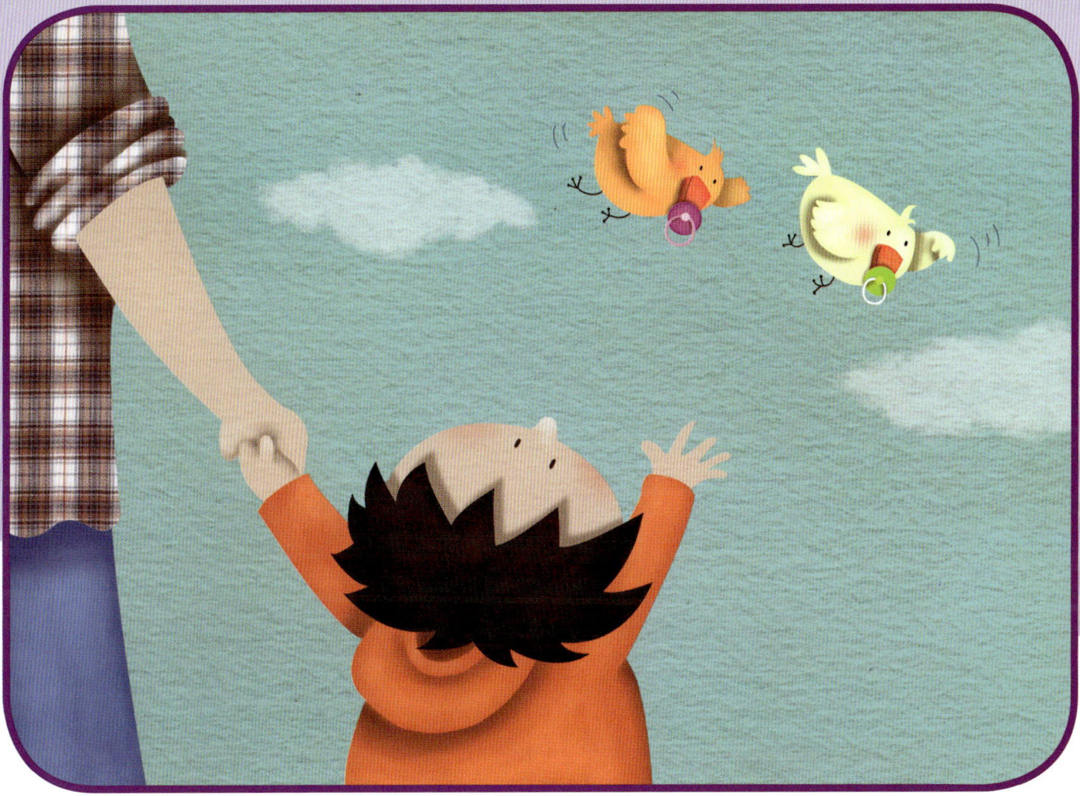

Yo veo 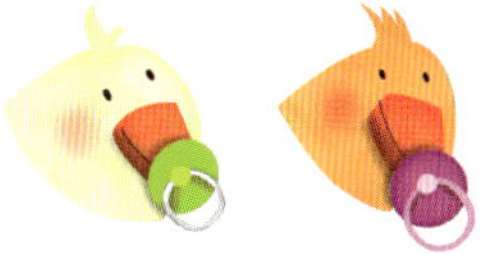 .

pájaros

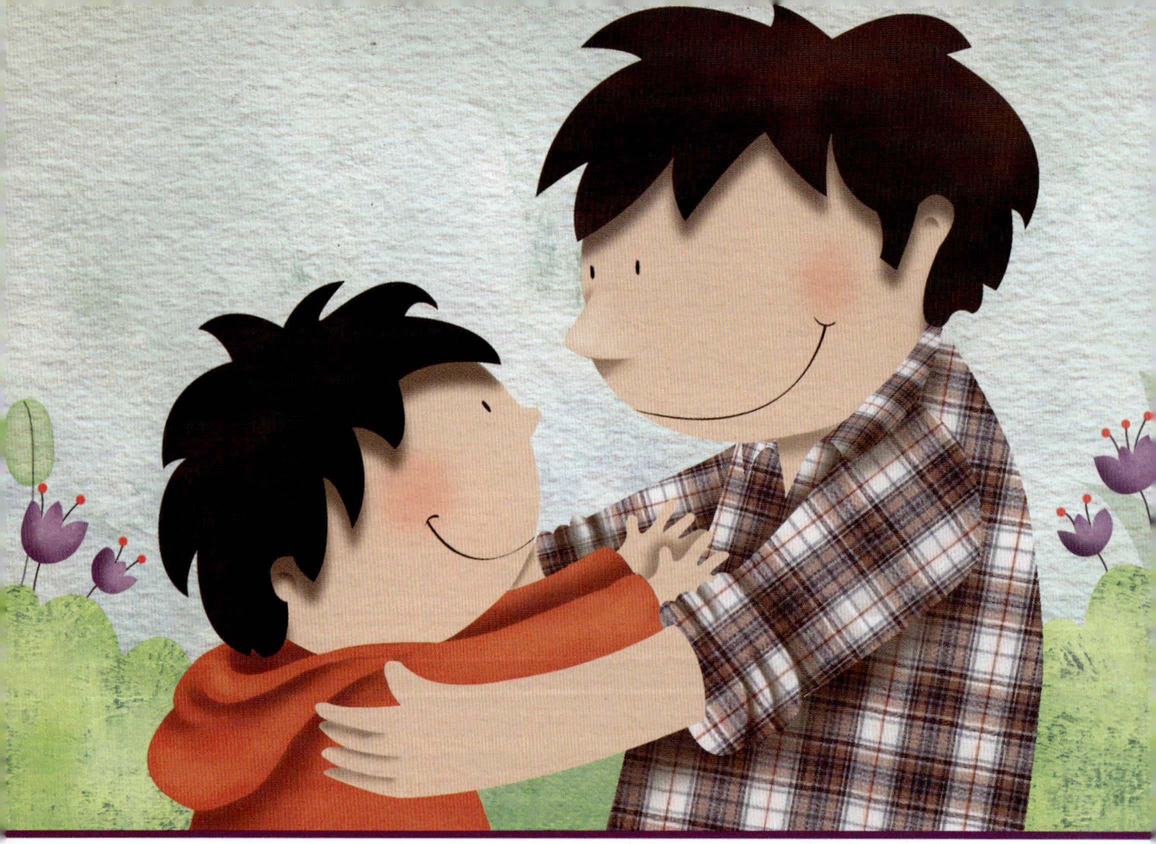

Yo veo a mi papá.